Andreas Bellout

Wenn Papa goethet und Lilly schillert

oder Lyrik für den kleinen Hunger

Herstellung und Verlag:

Books on Demand GmbH, Norderstedt

ISBN-13: 9783837055177

© Andreas Bellout, 2008

Liebe Leserin,
lieber Leser,

laut einem arabischen Sprichwort findet man in einem
Fluss so manches, was man im Meer vergeblich sucht.
Dieses Büchlein soll solch ein Fluss für Sie sein.
Es hat nicht die Ambition sich mit den Werken von Goethe
oder Schiller messen zu wollen, auch wenn es in seinem
Titel darauf anspielt. Es hat aber durchaus die Ambition
Ihren kleinen Hunger auf leicht bekömmliche
Geistesnahrung zu stillen.
Nicht jedes Lyrikhäppchen wird Ihren Geschmacksnerv
treffen. Trotzdem sind meine achtjährige Tochter Lilly und
ich überzeugt Ihnen hier und da ein Gourmetstückchen
serviert zu haben.

Viel Spaß beim Schmausen.

Der Autor

Lilly und Papa danken ihren Liebsten und widmen
dieses Büchlein

einem einzigen Menschen : **Louli**

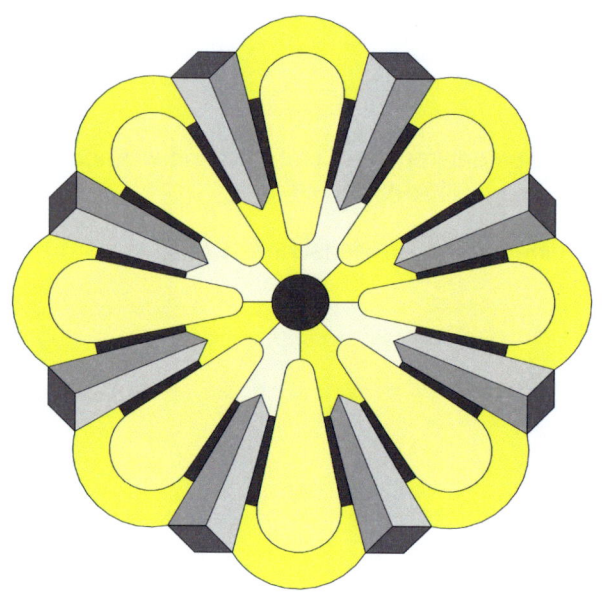

Lilly hat gesagt:

Das Kamel hat zwei Pickel (Höcker) auf dem Rücken

Draht zum lieben Gott …..

Bauernpredigt

Ein Pfarrer auf die Bänke sah
Gähnende Leere keiner da
Nur ein Bauer suchte Heil
Nahm am Gottesdienste teil

Liebes Mitglied muss dich fragen
Hörte man den Pfarrer sagen
Soll ich halten Predigt dir
Ganz allein für dich nun hier

Ich als Bauer kann nur meinen
Ist im Stall von all den Schweinen
Gar auch nur ein einzig´ Tier
Futter kriegt´s dennoch von mir

Die Lektion war angekommen
Predigt hat Pfarrer begonnen
Als nach Stunden er dann endet
Bauer sich an Pfarrer wendet

Steht im Stall ein einzig Tier
Kriegt es Futter zwar von mir
Werd nicht geben so ich meine
Was gedacht für alle Schweine

Vaterunser

Beim Abendmahl am großen Tisch
Um ihn vereint die Familie saß
Die Suppe dampft' das Brot ganz frisch
Das Vaterunser man nicht vergaß

Vater Unser im Himmel………….
Unser tägliches Brot **gib** uns heute..
Amen

Der kleine Hans vom Hunger gedrängt
Zum Vater sagt: " Gib mir vom Brot"
Das hat den Vater schwer gekränkt
Er wurd´ mal blaß, mal rot.

Er tobt und macht dem Hansi Angst
"Sind verfallen Anstand und Sitte?
In diesem Haus wenn du Brot verlangst
Dann sag´ gefälligst Bitte"

Der Adamapfel

Der Teufel als Schlange getarnt
Mit Apfel die Eva in Versuchung bringt
Was ihm obwohl sie von Gott gewarnt
Laut Bibel ganz ohne Mühe gelingt

Dem Adam aus dessen Rippe entsprungen
Die Eva mit Überzeugung seichter
Zum Apfelverzehr hat gedrungen
Geteilte Schuld ist einfach leichter

Die Strafe folgte auf dem Fuße
Gott hat es beiden nicht verziehen
Weder Reue noch half die Buße
Dem Paradiese mussten entfliehen

Als Apfelbauer lebt Adam heute
Genießt die Frucht in Variationen
Verschenkt Fallobst an arme Leute
Hofft mit Paradies wird´s Gott belohnen

Die Mission

Junger Missionar aus alter Welt
Man kann´s ihm nicht verwehren
Im Urwald hat sich einbestellt
Die Heiden wollt´ dort bekehren

Als er erzählt von Höllenqualen
Lauschten ersichtlich sie benommen
Furchtvoll haben die Kannibalen
Neuen Glauben angenommen

Seinen Eifer bezahlte teuer
Der Missionar, er hat vergessen
Dass Hunger stärker als Fegefeuer
Man hat ihn aufgefressen

Reinkarnation

Er glaubt an Reinkarnation
Gewiss hat er gelebt mal schon
Von der Idee ganz fasziniert
In Archiven er recherchiert
Er ist sich sicher das ist gewiss
Der Tod des Lebens End nicht ist
Auch hat die Seele bevor geboren
Ein Szenario sch auserkoren
Sein jetzig Dasein könnt' man beklagen
Doch Reinkarnation hilft' s zu ertragen
Auch wenn sein Leben ist voll Qual
So war es doch die eigene Wahl
Nur kommt auch er nicht drum herum
Zuzugeben seine Wahl war dumm

Lügen haben kurze Flügel

Ein Lügner log sein Leben lang
Verspürt keinen Wahrheitsdrang
Nicht mal vorm Tode tat´s ihm bangen
Wollt´s Paradies durch Lug erlangen

Im Himmel von Petrus befragt
Er hier dem Lug auch nicht entsagt
Der Wahrheit sei er stets gewogen
Log er bis sich die Wolken bogen

Bei so viel Redlichkeit mein Sohn
Winkt' s Paradies als sicherer Lohn
Sprach Petrus da und ließ verstohlen
Den Lügner vom Teufel abholen

Gut im BILDe

Die Zeitung war ganz gut im BILDe
Führt' Arges nicht in ihrem Schilde
Auf Titelseite hat es gebracht
Hat ganzes Volk zum Papst gemacht
Wir sind was wir noch nie gewesen
WIR SIND PAPST konnt' man da lesen
Der echte Papst oberster Hirt
Sprach zu sich selbst etwas verwirrt:
„Es ist nicht recht und darf nicht sein,
Wenn's gibt mehr Päpst´ als Schäfelein „

Märchenwelten .....

Gehörntspiegelte Königin

Als sie ihn fragt wer wohl denn sei
Die Schönste im ganzen Lande
Log der Spiegel frech und frei
Schneewittchen bei Zwergenbande

Doch was er sie nicht wissen lässt
An Glasbruch kein Interesse
Die Schönste ist und das steht fest
Des Königs neue Maitresse

Kohlewittchen

Kinderlos die Königin
am Fensterbrette saß
Nähend weg weit ihr der Sinn
Im Gram sie sich vergaß

Ein Stich, ein Schmerz, Blut das färbt
Den weißen Schnee ganz rot
Hätt´ ich doch der mich beerbt
Klagt Gott sie ihre Not

Weiß wie Schnee, schwarz wie Holz
Und Rot noch oben drein
Solch ein Kind wär´ ganz mein Stolz
Den Wunsch löst Gott ihr ein

Schwarze Haut, Haare wie Tünche
Augen so rot wie Glut
Exakt umschreibe deine Wünsche
Weil Gott sich auch vertut

Hänsel und Gretel

Im Wald allein gelassen
Pech wandelt sich in Glück
Können es noch nicht fassen
Den Weg fanden zurück

Der Hänsel und die Gretel
Auf dem Weg nachhaus´
Mit Hexengold im Betel
Gesorgt haben sie aus

Im Gegensatz zum Märchen
Ging´s nicht zum Vater heim
Schnurstracks stellte das Pärchen
beim Jugendamt sich ein

Erheben schwere Klage
Scheuen sich derer nicht
Ihr Vater ohne Frage
Verletzt hat seine Pflicht

Natur pur ….

Lilly hat gesagt:

Man kann bei dem Jungen ja schon die Äste sehen
(Rippen)

Undank an den Wald

Der Wald für mich ließ sprießen
Blumen so schön auf Wiesen
Das Rauschen seiner Bäume
War Heimat meiner Träume
Gesang aus allen Ästen
Vögel gaben vom Besten
Leid ließ in mir verstummen
Der Bienen redlich Summen
Wie wohl ich mich doch fühlte
Wenn Schatten sein mich kühlte
Gesprungen über Steine
Der Bach für mich alleine

Wie sag dem Wald ich Danke
War einzig mein Gedanke
Der Wald er wird mich hassen
Das Rauchen konnte nicht lassen
Ich könnte mich verdammen
Der Wald er steht in Flammen

Stürmische Hochzeit

Der Sturm nahm Wolke zur Braut
Über mir zum Tanze sie führt
Wilde Küsse auf meiner Haut
Mit jedem Tropfen habe gespürt

Die Wipfel im Takte schwingen
Früchte wie Puppen an Fäden
verzückt an den Ästen swingen
Zum Klatschen der Fensterläden

Blätter seit Sommer sie reifen
Golden fürs Feste nun getönt
Musik wie himmlisches Pfeifen
Aus jedem Schornstein ertönt

Donner lässt Pauke laut schallen
Der Blitz sich als Tänzer verdingt
Mein Gemüt bringt so mir zum wallen
Vom schwirrenden Laube umringt

Mir Regen seine Freude tut kund
Durchnässt mir all meine Kleider
Bis ein Bogen am Himmel so bunt
Beendet die Feier leider

Baum-Tatoo

Sie turteln um den Baum herum
fröhlich kichernd küssend stumm
Ewig Treue sie sich schwören
Baum mag dies nun gar nicht hören
Er weiß was gleich jetzt kommen wird
Sein Blattwerk zittert schon verwirrt
Um seine Liebe zu bekunden
Dem Baum ritzt Jüngling tiefe Wunden
Nun ist der Baum voll deprimiert
Weil noch solch Herz sein Stamm jetzt ziert

Sich Liebespaare mal fragen sollen
Ob Bäume solche Tattoos denn wollen

Abendsonne

Barfuss an seines Vaters Hand
Nasser Sand quillt durch die Zehen
Ein Junge durchpflügt den weißen Strand
Winde seine Haar durchwehen

Die himmlisch´ Bucht ist menschenleer
Für ihn nur stranden zu den Füßen
Wellen geboren aus tiefem Meer
Von der Abendsonne ihn grüßen

Liebe Wellen, treue Boten, habt Dank
Meine Sandspuren will euch schenken
An die Sonne, die soeben im Meere versank
und ihren Gruß werde ewig ich denke

Die Sonne

Am Fuße der Tannen entschlafen der Nacht
Steigt die Sonne am Grün der Zweige empor
Der Tagesstern legt an seine goldene Tracht
Dem Himmel zu bilden glänzendes Dekor

Hoch am Himmel über den Spitzen der Tannen
Ihr Strahlenzepter versprüht pralles Leben
Der lebendige Wald kreist in ihren Bannen
Nach Sonnenlicht ständig im Streben

Am Fuße der Tannen legt müde sich nieder
Die Sonne, wo früh sie am morgen erwacht
Rauschende Äste singen ihr Wiegenlieder
Die Sonne überreicht ihr Zepter der Nacht

Lilly hat gesagt:

Papa darf ich auch mit dir metern? (mit dem Zollstab messen)

Er und sie, du und ich ....

Traumschönheit

Dein Blick hält Sterne fest gefangen
Deinen Perlenfluss rote Ufer säumen
Dein Haupt golden mit Seide behangen
Deine Anmut ersinnt für mich zum träumen

Dein Duft wie Blumen tausender Wiesen
Dir reichlich gesät hat Sommer Sprossen
Deinen Wangen Rosen so rot entsprießen
Deine Schönheit im Traum hab´ ich genossen

Dein Lachen wie Rauschen vieler Weiden
Dein Gang wie von Elfenhand getragen
Deine Stimme wie Klang der Harfensaiten
Du bist zu schön um wach dich zu ertragen

Der verpasste Zug

Still starrt sie in die Nacht hinaus
An ihre Ehe musste sie denken
Leid schrie aus ihrer Seele heraus
wer könnt' ihr Trost nur schenken

Ein Fremder im selben Abteil
Saß gedanklich tief versunken
Auch seine Ehe nicht mehr heil
Blut quoll aus Seelenwunden

Beider Blicke kreuzten sich
Im Spiegelbild der Scheiben
Ein Hauch von Liebe keimte frisch
Muss gefangen dort ewig bleiben

Ziel erreicht der Mann stieg aus
Zu ihr mit Wehmut schaut er zurück
Still starrt sie in die Nacht hinaus
Beide verfehlten so ihr Glück

Uneinholbar

Mein Herz weint
Dein Herz blutet

Mein Herz blutet
Dein Herz stockt

Mein Herz stockt
Dein Herz steht

Mir stets um Emotionen voraus
Bist du jetzt uneinholbar

Online Verderben

Mit Fingern kriminellen
Auf seiner Tastatur
Ließ Liebesglocken schellen
Zu täuschen um sie nur

Geborgen im Virtuellen
Gefolgt ist sie dem Schwur
Vom Leben dem reellen
Enttäuscht sie zu ihm fuhr

Schwebend auf Hoffnungswellen
Erdrosselt sie nun erfuhr
Statt Trunk aus Liebesquellen
Real war nur die Schnur

Lilly hat gesagt:

Am vornächsten Freitag (Freitag vor zwei Wochen)

Kussdämmerung

Deine Küsse meiner Wange entsprossen
Deine Lippe in meine Zähne sich biss
Deine Zunge auf der Meinen hab´ genossen
Bis der Morgen uns der Nacht entriss

Dein warmer Atem meine Seele belebte
Dein Gesicht das Meine hielt umschlossen
Dein Mund auf meinem Munde bebte
Bis der Tag ganz ward verflossen

Deine Küsse nur noch müdes Hauchen
Deine Tränen meine Wangen benässen
Deine Kraft ich nach dir werde brauchen
Den letzten Kuss, den werd´ ich nie vergessen

Von Freunden, Verwandten und Bekannten ....

Neidlos neidisch

Zwei Freunde teilen Freud und Leid
Ein Fremdwort ist für Sie der Neid
Ihr Großmut ist so weit bekannt
Dass drang ihr Ruf ins Feenland

Dir einen Wunsch werd´ ich erfüllen
In Gold dich wiegen, in Seide hüllen
Jedoch dein´ Wunsch sollst gut ausdenken
Dem Freund werd ich es doppelt schenken

Dies schlug die Fee dem einen vor
Der seinen Großmut nicht verlor
Nun gut lieb´ Fee wenn dem so sei
Stich mir ins Aug´ und ihm in zwei

Die Schwiegermutter

„Wenn du noch ´ne Schwiegermutter hast
Dann schick' sie in den Wald
Denn im Wald da sind die Räuber
Die machen sie dann kalt"

Makabres Lied aus uralt Zeiten
Von Hans mehrmals am Tag gesungen
Tat höllisch Freude ihm bereiten
Er fand das Lied trefflich gelungen

Der böse Hans beim täglich' Singen
Hat leider es nicht nur belassen
Schwiegermutter in den Wald tat bringen
Von Anfang an tat er sie hassen

Der Räuberhauptmann so nebenbei
Ermahnte Hans doch zu bedenken
Ob es nicht wohl viel besser sei
Der Alten das Leben zu schenken

Hans jedoch blieb konsequent
Erwidert ohne Schrecken
Dass er noch andere Räuber kennt
Die gern die Tat vollstrecken

„Streu' Asche dir auf Haupt und Leib
Setz' nieder dich und weine
Ich töt' die Mutter von deinem Weib
Zur selben Stund wie deine"

der Hauptmann sprach' s und hat gelacht
„Karl dein ehrenwerter Schwager
Hat deine Mutter heut früh gebracht
Zum Töten in mein Lager"

Nimm zwei

Ein Mann dem Freund wollt´ Gutes tun
Lud ein zu Wein und leckrem Huhn
Zu zeigen wie spendabel er sei
Kaufte vom Huhn gleich deren zwei

Die Gattin aus ihnen Suppe kochte
Probieren sie nicht aufhören mochte
Nach geraumer Zeit zu ihrem Schreck
Waren erst eins dann beide weg

Mein Mann erkrankt an Geistesleiden
Wird beide Hoden dir abschneiden
Sprach sie zum Gast mit sehr viel List
Der Freund nicht mehr zu halten ist

Dein Gast ist gar ein übler Tropf
Klaut beide Hühner mir aus dem Topf
Vernahm der Mann zurück vom Keller
Verfolgt den Freund doch der war schneller

Gib uns doch mindest eins von zweien
Hörte der Freund den Mann nun schreien
Der rief zurück auf offener Weide
Wenn du mich fängst nimm dir ruhig beide

Lilly hat gesagt:

Papa deine Regenschieber (Scheibenwischer)
funktionieren nicht.

Der Dickkopf

Zwei Bauern durch die Gegend gingen
Schon bald sich in den Haaren hingen
Disputes Grund war kein geringer
In weiter Fern zwei schwarze Dinger

Von beiden gesehen aber nicht erkannt
Ein heftiger Wortstreit ist entbrannt
Der Eine meint es wär'n zwei Raben
Weil schwarz Gefieder sie gar haben

Um Antwort der Zweite nicht verlegen
„Ziegen sind's", hielt er dagegen
Das Wortgefecht war ausgewogen
Bis die Punkte gegen Himmel flogen

„Es sind Raben" mit Gekicher
Frohlockt der Erste siegessicher
Für'n Zweiten sind's weiterhin Ziegen
Auch wenn sie in den Lüften fliegen

Bizarre Vaterliebe

Schon alt und grau, müde der Hast
Seinen Hof und sich übergab dem Sohn,
Dem fiel er nutzlos jetzt zur Last
Schmäh und Schläge waren sein Lohn

Mit keinem Wort hört man ihn klagen
Wenn der, der aus seinen Lenden entsprossen
Ihn in der Wut hätte fast erschlagen
Nicht eine Träne hat er vergossen

„Es reicht" rief er doch eines Tages
Als Wut und Frust seines Sohnes Herren
Ihn packten am Haar sein grau und karges
Ihn durch die Haustür wollten zerren

„Alle Demütigungen habe ich ertragen
Doch die Grenze ist der Türbogen
Deinen Großvater habe ich oft geschlagen
Über diese Schwelle aber nie gezogen"

Zeit für dich

Ich besuch dich Mal, ich habe Zeit
Für dich ist mir kein Weg zu weit

„Hallo Mutter was gibt's?"

Wir könnten shoppen und flanieren
Tausend Kleider anprobieren

„Mutter Brigitte ist da"

Wir könnten flirten, singen, lachen
Tausend nutzlose Dinge machen

„Ich kann jetzt nicht Mutter"

So plaudern sie seit Stunden nun
Es gibt ja nicht viel mehr zu tun

„Mutter du nervst jetzt langsam"

Brigitte geht es ist so weit
Nun nimmt sie sich für Mutter Zeit
Sie schimpft und denkt mit viel Verdruss
Hab ich denn Zeit in Überschuss
Sie lässt es läuten immer wieder
Verärgert legt den Hörer nieder
Was sie nicht weiß und wissen kann
Nie mehr geht Mutter an einen Hörer dran

Schuld

Du bist schuld, ich sicher nicht
Wirft sie ihm ständig ins Gesicht
Schuld bin ich nicht nur du allein
Hält vor sie ihm tagaus tagein
Das zog sich hin von Jahr zu Jahr
Bis sie erkannt´ ganz sonnenklar
Ihre Schuld so groß wie seine
Nur half's nicht mehr sie war alleine

Recht muss sein ……

Lilly hat gesagt:

Michael bist du auch gefiebert? (hast du Fieber?)

Gesetzesauslegung

Die Pflicht vermummt den Schleier zu tragen
Drei Grazien wollten nicht länger ertragen
„Was können wir tun was sollen wir wagen"
Fand man die Hübschen ständig sich fragen

Das Schleiergebot legten freizügig aus
Mit seltsamen Schleiern verließen das Haus
Transparent war der Schleier man konnte sehen,
Dass unter dem Schleier sie nackthäutig gehen

Der Aufruhr war riesig, der Affront war enorm
Man zerrte die Frauen vor den Hüter der Norm
„Ihr Damen, ihr Hübschen seid echt sehr gerissen
Ich werde urteilen nach bestem Gewissen

Der Steinigung, ihr Damen, könnt nicht entrinnen
Als erster Vollstrecker werd' ich gleich beginnen"
Sprach' s und führte an seinen Turban die Hand
Löst' zur Freude der Schönen einen edlen Diamant'

Südsee-Justiz

Er war der Schreck der sieben Meere
Voll Niedertracht und ohne Ehre
An Freund und Feind übt' er Verrat
Er war ein übler Seepirat

In allen Gewässern ward er geschasst
Doch hat man ihn noch nie gefasst
Das Glück, das scheint ihm wohlgesinnt
Wenn er dem Galgen erneut entrinnt

jetzt liegt entspannt er unter Palmen
Lässt seine Pfeife genüsslich qualmen
Sein Blick schweift über die Meeresbucht
Bis ihn erschlägt die Kokosfrucht

Amtsblind

Frau Koch vom Blindenamt
Hatte Blinde zu betreuen
Ihr Eifer war bekannt
So mancher musst' s bereuen

Frau Koch konnt' nicht verstehen
Es wundert sie doch sehr
Wenn Blinde ohne Hund gehen
Eine Mahnung musste her:

Frau JUSTIZIA ich möcht' sie bitten
Sich einen Führhund anzuschaffen
Vor Gericht wird sonst gestritten
Damit Sie's endlich raffen

Philosophische Schwärmereien .....

Und es gibt Ihn doch

Auf Straße erschossen
Mit Benzin übergossen
Im Keller gelitten
Hand abgeschnitten
Vom K-Klan gehängt
Einbetoniert und versenkt
Gezeichnet vom Hungern
Bekiffte rumlungern
Als Hexen verbrannt
In Kerkern verbannt
Vergast in Kammern
Beschnittene jammern
Seuchen und Plagen
Mensch muss ertragen

Mensch will verstehen
Warum Gott lässt geschehen
Viele fälschlich verstanden
Gott sei nicht vorhanden

Doch Gott im Allwissen
Eines tut missen
Erfahrung sein Verlangen
Nur durch uns kann erlangen
Mit Erleben wir dienen
Wie mit Honig die Bienen

Mensch verstehen solle
Gut und Bös´: gleiche Rolle

Lilly hat gesagt:

Papa wenn ich groß bin ist Lidl dann tot?

Reise zum Ozean

Khalil Gibran's edle Gedanken
Werd' ich mir hier entleihen
Schlechte Reime werden's ihm danken
Ich hoffe er kann verzeihen

Zwei Nebenarme vom großen Fluss
Erzählten sich von ihrer Reise
Voll Freude mal, mal voll Verdruss
Ein jeder auf seine Weise

Mit spitzen Steinen mein Bett besät
Mein Klagen wollt' nicht verhallen
Auch sah ich manchen Fall zu spät
Sehr tief bin ich gefallen

Mein Bett dagegen mit Sand bedeckt
Ließ unbekümmert mich fließen
Die Ufer mit Blumen gedeckt
Meinen Fluss konnt' ich genießen

So tauschten sich die beiden aus
an der Gabelung angekommen
der große Fluss nahm gern sie auf
er hat alles vernommen

Liebe Kinder ich lade euch ein
In meinem Bett zu reisen
Bald werden wir am Ozean sein
Eure Erfahrungen werden ihn speisen

Der Fluss ist für Gibran
Der Seele nur Sinnbild
Der Sinn vom Ozean
Es hier zu finden gilt

Rennen ums Rennen

Ekstase öffnet das Tor
Rennen zum Leben beginnt
Brüder und Schwestern es sind
Doch Einer drängelt sich vor

Chance auf Leben ihm winkt
Zur Geburt auserkoren
Geschwister längst verloren
In neues Schicksal er dringt

Rennen hat er gewonnen
Ins Leben ist getreten
Für ihn lasset uns beten
Sein Rennen hat begonnen

Katzenjammerglück

Zu haschen seinen Schwanz versuchte
Ein Kätzchen im Kreisen gefangen
Erfolg hierbei es nicht verbuchte
Der Schwanz war nicht zu erlangen

Inne wohnt dem Schwanz das Glück
Das Kätzchen glaubte und verkannte
Dass näher kommt dem Schwanz kein Stück
Gleichwohl wie schnell es rannte

Dem Schwanz keine Achtung mehr schenkt
Weise Katze blickt auf Kätzchen zurück
Seit sie ans Haschen nicht mehr denkt
Mit jedem Schritt folgt ihr das Glück

Des Ozeans Mauern

Im Ozean aufgehoben
Bis Kreis ums Ich ich zog
Mauern wurden erhoben
Ums Einssein mich betrog

Seither die Wellen schlagen
Gegen die Mauern mein
Nunmehr muss ich mich fragen
Ob lassen soll sie ein

Erkenntnis werd´ mich dir beugen
Die Grenzen riss ich nieder
Erst Mauern Brandung zeugen
Ozean, hier bin ich wieder

Weisheit

Ein weißes Blatt weißt vor sich hin
Es zu beschriften macht meistens Sinn
Doch darf nur Weises Weiß vertreiben
Nicht jedes Wort muss man gar schreiben
Nur Weises sollte man verfassen
Oder das Blatt nur weiß belassen

Lilly hat gesagt:

Heute habe ich ein Ungefühl (fühle mich nicht wohl)

Die Seifenblase

In der Seifenlauge, dem mütterlichen Schoß
Gleich ihrer zukünftigen Schwestern
Schlummert sie von sich noch ahnungslos
Kennt kein morgen, kein heute und kein gestern

Die Schöpfung geschieht durch Kindesmund
Ein leichtes Pusten erweckt sie zum Leben
In Regenbogenfarben schillernd und kugelrund
Die Seifenblase wie im Traume darf schweben

Nach erfülltem Leben sprich zwei Sekunden
Fand von ihr man nur etwas Schaum
Zurück zum Ursprung hat sie gefunden
Der Tod ist nur ein zerplatzter Traum

Vom Gevatter Tod .....

Machtlose Nacht

Entsetzt belebte Neonnacht
Starrt durch vorhangloses Fenster
Erspäht Dämon in Todestracht
Im Kreise dunkler Gespenster

Entgegen flimmert der Nacht
Monitor mit Hilfeschrei
Hilflos wie er und ohne Macht
Schaut kraftlos sie vorbei

Tastatur trägt ungewöhnliche Last
Brief zum Abschied hat geschrieben
Lebloser Köper auf ihr hält Rast
In Einsamkeit verschieden

Rotlichttrauer

Gasse nass und kalt
Schäbige Mauern
Auf traurige Gestalt
Gefahren lauern

Dunkler Schatten
Gestalt macht Halt
Fliehende Ratten
Pur die Gewalt

Kreidekonturen
Blut schwarzrot
Weinende Huren
Gestalt ist tot

Flug bei den Ahnen

Genommen hab' ich dir den Flug
Deine Freiheit mit Stäbe umsäumt
Vom gitterfreien Leben hast du geträumt
Dein täglicher Gesang war mir ein Trug

Zu meiner Erlabung hab ich dich erhalten
Fürs Überleben mit Körnern gespeist
In Gedanken bist du über Wiesen gereist
Nur deinen Körper konnt' im Käfig ich halten

Dein Freiheitswille war nicht zu besiegen
Nun bist du mir gänzlich entschwunden
Am Boden leblos hab' dich aufgefunden
Bei deinen Ahnen darfst ewig nun fliegen

Lilly hat gesagt:

Lebt die die Frau, die gestorben ist noch da hinten ?
(ist das Grab der Frau noch an der selben Stelle?)

Scheinlebend

Wollte nie sein mehr Sein
Gemieden hat die Fragen
Sie in allen Lebenslagen
Es schien von ihr nur Schein

Lebend unterm Grabstein
Liegt tief sie jetzt zehn Ellen
Den Fragen muss sich stellen
Ihr Tod selbst der war Schein

Friedliche Heimkehr

Im Dunkeln legt sich auf Reisen
Zur Heimkehr in die Pentawelt
Muss erst vom Körper sich loseisen
Die Seele die nur Ketten hält

Oh irdisch' Welt lass mich doch ziehen
In Nichts bist du mir hier noch Halt
Heimkehren will ich und nicht fliehen
In Frieden gehen nicht mit Gewalt

Blick nach innen …..

Die Wehmutsrose

Im Schatten der Erfahrungsmauer
Auf dem Beet der Melancholie
Berieselt mit tiefster Trauer
Eine Wehmutsrose gedieh

Die Zauberin vom Roten Berge
Nahm den Gärtner an die Hand
Die Trauer verbannt wird in die Särge
Der Sinn der Mauer wird erkannt

Der Mauer wird Bresche geschlagen
Sonnenstrahlen strömen ein
Die Wehmutsrose konnt's nicht ertragen
An zu viel Sonne ging sie ein

Der Tod der Rose gebar neue Trauer
Die Bresche wurde wieder geschlossen
Neue Rosen sprießen an der Mauer
Mit frischen Tränen reichlich begossen

Seelenirre

Gegenwart zerpflückt in Stücken
Auf dem Teppich des einst Erlebten
Schaut zur Zukunft nur der Rücken
Gedanken Richtung Gestern schwebten

Große Reise der Selbstfindung
Angetreten bei tiefster Nacht
Seele kappt sichere Bindung
Die sie hätt' zurückgebracht

Gegenwartsanker über Bord geschmissen
Hafen der Zukunft nicht angepeilt
Hält Kurs auf Gestern ganz verbissen
Das Gestern wo sie nun ewig weilt

Lilly hat gesagt:

Papa höre auf zu sterben (höre auf zu rauchen)

Lichtloser Leuchtturm

Einsam besegelt mit seiner Crew
Er leicht Ozean und Meer
Von Cap der Hoffnung bis Katmandu
Nur´s Herz ist ankerschwer

In tiefer Nacht bei Wind und Sturm
Durch Felsen und todbringende Riffe
Zeigt ihm den sicheren Weg ein Turm
Mit hellem Lichte lotst er die Schiffe

Licht vom Turm das Schiff hat bekommen
Im sichern Hafen übermannt ihn der Schmerz
Sein Schiff ist heil gar angekommen
Wo bleibt der Leuchtturm für sein Herz

Lebend leblos

Schwalben kreisen um ihn herum
Bestaunen sein eisernes Gefieder
Er ruft ihnen zu, still und stumm
„Kommt lasst euch auf mir nieder.

Haucht mir von eurem Leben ein
Euren Puls will ich in mir spüren
Leblos möcht' länger ich nicht sein
Mein Leiden muss euch doch rühren"

Die Schwalben ganz ihrer Natur
seinen Wunsch können nicht erfüllen
Im Fluge finden sie ihre Wonne nur
In Verlangen muss weiter er sich hüllen

Ergriffen die Glocke auf deren Turm er steht
Durch ihr Geläut seinen Körper lies erbeben
In alle Richtungen vom Winde wird er gedreht
Ein Wetterhahn erwacht zum Leben

Wühltisch …..

Unglück im Glück

Hanna wandelt durch Heide
Plötzlich landet auf Weide
Von Stieren nun umringt
Der sichere Tod ihr winkt

Doch geben sich die Stiere
Als ganz friedvolle Tiere
Füllen wollen den Magen
Anstatt Hanna zu jagen

Hanna hat einfach Glück
In diesem Missgeschick
Schweiß tief aus den Knochen
Auf Stirn kommt ihr gekrochen

Mit Tuch will sie sich putzen
Die Stiere ziemlich stutzen
Sie trampeln Hanna tot
Ihr Tuch war leider rot

Schlank

als sie verfiel dem Schönheitswahn
war sie noch schlank mit viel Elan
Ein Bild von Rubens sprach sie an
Ob sie auch mal so schön sein kann?
Schlemmt und nascht nun ungeniert
Vorhersehbar der GAU passiert
Schönheitswahn nahm kläglich Ende
Frisörbesuch brachte die Wende
Im Wartesaal bei süßen Pralinen
Blättert sie in Magazinen
Verdutzt sie dort Frauen sichtet
Die ganz anders als sie gewichtet
Sie stellt nun fest mit sehr viel Pein
Nur sie könnt' Rubens Modell sein
Zu Spät bemerkt sie fett und breit
Sie lebt in falscher Epochenzeit

Lilly hat gesagt:

Papa gehen wir auf den Tennisschlägerplatz
(Tischtennisplatz)

Rache

Ein Nazi auf einen Juden traf
An mehr Bekanntschaft kein Bedarf
„Ihr Judenvolk und Läusepack
Man sollt´ euch stecken in den Sack
Vergasen sollt´ man euch auch
So wie es war gar einst der Brauch"
Es geifert sich ganz ohne Not
Der Nazi an den Erstickungstod
Sein Herz das rast er läuft blau an
Mit Nicken, da er nichts sagen kann
Gibt zu verstehen ihm geht´s nicht gut
Ob ihm der Jude jetzt Schlimmes tut?
Der greift zum Messer kriegt Nazi mit
Macht ihm am Hals ganz tiefen Schnitt
Der Jude war Arzt welch Ironie
Rettet den Nazi durch Tracheotomie

Gastfreundschaft

Hans Peter reist ins Morgenland
Dort macht sich Ali ihm bekannt
In dessen Wohnung nimmt er Rast
Weil heilig ist hier jeder Gast
Von der Arbeit nimmt Ali frei
Zeigt ihm vom Land so allerlei
Wird bewirtet und hofiert
Hans Peter ist ganz sublimiert
Zum Abschied gab es noch Geschenke
Auf dass er ewig an Ali denke
Die Zeit verstrich und zog ins Land
Als Ali vor der Haustür stand
Hinterm Vorhang er ihn erblickte
Seine Frau zur Tür er schickte
„Meine Güte ist Ali dreist
Schatz sag ihm ich sei verreist"

Der Schleier

Hans Peter sitzt mit Desirée
Gemütlich im Straßencafé
Wollen dort noch lange bleiben
Fasziniert vom bunten Treiben

Hans Peter wird langsam wild
Etwas passt nicht ins Straßenbild
Unverblümt sagt er auch was
Ihn stören die Türkenmamas

Ihm ist nicht recht er nimmt es krumm
Dass laufen sie mit Schleier rum
Anstatt vermummt hier zu spazieren
Sollten sich lieber integrieren
Wenn sie Schleier tragen wollen
Zurück in ihre Heimat sollen

Ganz verblüfft seiner Gesinnung
Bringt Desirée ihn zur Besinnung
„Hans Peter bleib mal ganz cool
Wir sind hier doch in Istanbul"

Der General aus Ohio

Er kämpft für die Gerechtigkeit
Für sie zu sterben ist er bereit
Für den Rechtstaat setzt er sich ein
Ein Demokrat will er gern sein
Das Menschenrecht ihm A und O
Dem Kommandant auf Guantanamo

Der Fritenkasper

Im alten Buch vom Struwwelpeter
Ist nachzulesen für ein jeder
Suppenkasper gesagt gelind
War ein Suppenhasser-Kind
Er lehnte ab die Suppe täglich
Starb deshalb an Hunger kläglich
Seine Mutter sich Vorwürfe macht
„Hätt´ andere Speisen ich gebracht"
Es geht so wisse arme Frau
Den Müttern heut wie dir genau
Sie Pommes mit Mayo servieren
So dass die Kids am Fett krepieren

Lilly hat gesagt:

Du hast bestimmt Probleme mit der Blindblase
(Blindarm)

Das Leben

Ob Schnecken im Salat
Ob Wasserasseln im Bad
Ob Unkraut im Garten
Sie schützt alle Lebensarten

Ob Fliegen auf den Speisen
Ob im Zucker die Ameisen
Ob Läuse in den Haaren
Alles Leben will sie bewahren

Ob Regenwürmer im Sand
Ob Spinnen an der Wand
Ob im Mehl die Maden
Keinem würd´ je sie schaden

Ob Blattläuse in den Reben
Sie respektiert alles Leben
Das wird ewig so bleiben
Morgen geht sie ihr Kind abtreiben

Lektor

Diese Reime, das sei dir klar
Sind nur gedacht als Scherz
Lektor du bist, wie wunderbar,
Ein Mensch mit sehr viel Herz

Der rote Stift in deiner Hand
Zu meiner großen Freude
Hat manchen Fehler rasch verbannt
Auch wenn ich's schnell bereute

Denn mit der Zeit ganz unbewusst
Vergessen hast deine Pflichten
Allmählich wuchs in mir der Frust
Als selbst fingst an zu dichten

Der Unheld

Ein Offizier gestorben als tapferer Held
Fürs Vaterland Blut reichlich hat vergossen
Ihm zu Ehren auf einen Sockel wurde gestellt
Seine Statue aus feinster Bronze gegossen

Zu seinen Füßen Väter oftmals stehen
Von unserem Held die Taten zu erzählen
Ihren Söhnen geben wehmütig zu verstehen
Auch sie würden den Heldentod gern wählen

Wird je nach des Helden Tränen man fragen
Wenn fließen sie über die bronzenen Wangen
Als Held auf hohem Ross will er nicht ragen
Vom Platz als Vater wär' gerne er gegangen

Steinzeugen

Still und leise
Auf ihre Weise
Steht sie in der Zeit gebannt

Touristen die hasten
Wanderer die rasten
Haben die Burg gänzlich verkannt

Erloschenes Feuer
Verrußtes Gemäuer
Kunden von dem großen Brand

Sie ist nicht die Schöne
Hört ihr nicht das Gestöhne
Der Seelen erschlagen von Feindes Hand

Bärenliebe

Das Rhinozeros für Mannes Potenz
Leben und Horn muss lassen
Zum Opfern das Tier wir gnadenlos schassen
Geweiht dem Altar unserer Dekadenz

Dass an den Füssen uns nicht friert
Seines Felles den Tiger wir berauben
Als Bettvorleger muss er dran glauben
Oder als Schmuck die Wand er ziert

Die Hühner nicht wie zur Zeit der Alten
Auf spitzen Rosten müssen darben
Was stören uns Menschen ihre Narben
Als Legemaschinen wir sie uns halten

Gottes Schöpfung kümmert kein' Deut
Als Herrscher nur Mensch darf sich aufführen
Bekam Bär Bruno am Leibe zu spüren
Uns zu krönen hat Gott längst bereut

Lilly hat gesagt:

Die Nachbarn leben bestimmt in einer glücklichen Unehe (
unglücklichen Ehe)

Hautophobie

Wenn Frauen ihm gegenübersitzen
Fängt ungewollt er an zu schwitzen
Und wenn sie sich nun gar entblößen
Tut ihm das richtig Angst einflößen
Soll er sie nun auch noch berühren
Will ihm dies gleich die Kehl' zuschnüren
Als Linderung für diese Leiden
Müsst' Frauenkontakte er vermeiden
Doch das brächt 'ihn in größer' Not
Als Frauenarzt verdient sein Brot

Dylan und der Wind

Wie viel´ Strassen muss Mann gehen
Hat Bob Dylan sich gefragt
Bis in Mann man Mann wird sehen
An die Antwort nicht gewagt

Wie viel´ Menschen müssen sterben
Bis zu groß der Toten Zahl
Keine Antwort zum Verderben
Uns gibt Dylan, welche Qual

Wann darf darbend Mensch genießen
Von sich sagend ich bin frei
An den Wind sind wir verwiesen
Als ob dies´ ´ne Antwort sei

Los der Sprache mehr als wir
Über die Unmenschlichkeiten
Antwort findet, denkt Wind, ihr
Bei jenen die euch lassen leiden

Klassenkampf

Die Wetterfrösche im ganzen Land
Nahmen ihr Schicksal in eigen' Hand
Sie stellten Bedingung um Bedingung
Mit Rückenwind von der Froschinnung
Mechanische Leiter, mal Thermoglas
Für die Bosse war bald voll das Maß
Die Frösche werden nun exportiert
In Frankreich als Delikatess´ serviert

Dracula von Trans-Ilvanien

Graf Dracula wundert sich sehr
Barthaare wachsen keine mehr
Die Taille schmal, die Hüfte breiter
Jetzt trägt er auch schon Frauenkleider
Wo früher die Brust so flach wie Holz
Trägt er jetzt einen Busen stolz
Er weiß woher auch kommt das Ganze
Trank er nicht Blut von einer Transe?

Supermann

Bei der gewohnten Kaffeestunde
Ein heikles Thema macht die Runde
Wer wohl den besten Gatten habe
Ausgestattet mit der Gabe
Zuzuhör' n ohne Verdruss
Wenn sie mal wieder im Redefluss

Sabine liegt schon ganz weit vorn
Den anderen ist´s im Aug ein Dorn
Fast platzen sie schon voller Neid
Sabine schwört auf heilig´ Eid
Wenn sie erzählt gar stundenlang
Ihr Mann ihr zuhört ganz ohne Zwang

Bewusst verschweigt sie wie das geht
Er schaltet aus sein Hörgerät

Lilly hat gesagt:

Michael singt das Lied auch in deinem Kopf (Ohrwurm)

Spuk

Er fürchtet sich im eignen Haus
Nur selten wagt er sich noch raus
Bei Tag vernimmt er lautes Singen
Hantieren, Werken, muntres Springen

Nur in der Nacht wenn etwas Ruh
Traut er sich ein paar Schritte zu
Schleicht herum das Herz voll Schrecken
Ist wohlbedacht niemand zu wecken

An ein paar Tagen im ganzen Jahr
Da geht es ihm ganz wunderbar
Zum Dankgebet faltet die Hände
Der Spuk hat nun abruptes Ende

Die Menschen sind nun weit verreist
Das erfreut doch einen alten Geist

Entfrauter Held

Er war ein Held doch kein gemeiner
Ein Frauenheld so war es einer
Den ganzen Tag tat er ersinnen
Wie tausend Frauen ihn umringen

Mit gutem Plan wollt er's erreichen
Des Nachts sich in den Harem schleichen
Nun ist von Frauen er zwar umringt.
Was bringt ihm das wenn er's nicht bringt

In seinem Eifer hat wie besessen
Die Haremswächter er ganz vergessen
Zwei kleine Griffe es war vollbracht
Der Held wurd´ zu Eunuch gemacht

Fliegenschicksal

Eine Fliege sich leider verfing
In den Fäden von Spinne gewebt
Seit Tagen sie wartend dort hing
Bis mit ihr das Netz tödlich bebt

In Demut dem Schicksal gibt hin
Sich gelassen die Fliege und denkt
Vom Kreislauf ein Teil ich nur bin
Dem Leben Ihr Leben sie schenkt

Für Fliegen ist schlimmer als Dienen
Der Spinne zur Nährung die Schand´
Zu hängen zwischen Gardinen
Zerquetsch von menschlicher Hand

Mein bessere Hälfte

Wenn wider mal ich habe
geschaut ins Glas zu tief
stumm sein war ihre Gabe
wenn ich den Rausch ausschlief

Monologe die meine
Lässt über sich ergehen
Meinung hat sie keine
Sie lässt es einfach stehen

Wenn ist mir nach Lektüre
In Ruhe und im Stillen
Beachtung ihr nicht gebühre
Sie lässt mir meinen Willen

Wenn andres Frauenwesen
Nimmt neben mir gar Platz
Als wäre nichts gewesen
Macht dann mein lieber Schatz

Für Geduld und Schweigen
Gilt ihr mein ganzer Dank
Ich kann mich nur verneigen
Im Park vor meiner Bank

Der Weihnachtstanz

Am Tannenzweig dem Lichttanz verfallen
Ein Feuerzünglein den Kerzendocht neckt
Es swingt und findet daran Gefallen
Seit es vom Zündholz zum Leben erweckt

Das Zünglein auf seinem Tanz zu begleiten
Aus dem Äther nur fürs Zünglein erklingen
Weihnachtslieder, die auf den Wellen reiten
Das Zünglein verliert sich im zeitlosen Swingen

Als der Docht wie zu später Stund Brauch
Auf dem weichen Wachs zu Bette geht
Sanft und liebevoll ein Menschenhauch
Das Flämmchen in die Vergangenheit weht

Lilly hat gesagt:

Papa ich bin renniger als du (ich kann schneller rennen als du)